Ajour, Lace,
... und ganz viele Perlen

Handstulpen und andere Kleinigkeiten

von Christine Nöller

Vorwort

Aller guten Dinge sind drei ...In meinen ersten zwei Büchlein ging es vorrangig um Tücher, in allen möglichen Varianten, nun aber für alle, die es lieben schnell ein schickes Teil zu stricken, sind Stulpen vielleicht als die Strickarbeit schlechthin angesagt.

Drei gute Gründe sprechen dafür:

Sie sind schnell fertig, gerade in Mode und machen Spaß, vielleicht sogar süchtig. Ich habe auf den folgenden Seiten viele Stulpen mit Perlen vorgestellt. Alle diese Muster lassen sich aber auch ohne diese Extras stricken. Kleiner Tipp: An Stelle der Perle dann einen Umschlag arbeiten! Sie erhalten dann allerdings ein reines Ajourmuster - es wird also nicht das wärmste Accessoire. Aber das sind Stulpen ohnehin nicht, sondern mehr ein modisches Beiwerk, vorwiegend für die Übergangszeit.

Strumpfgarn eignet sich hervorragend dafür, 4-fädiges und auch 6-fädiges. In uni, bedingt auch selbstmusternd. Dieses Material lässt sich problemlos in der Waschmaschine waschen. Wichtig: In diesem Fall beim Perlenkauf unbedingt auf Waschbarkeit achten!

Bei den meisten Garnen, die ich verwendet habe, übernehme ich Angaben zur Materialzusammensetzung und Lauflänge (LL) von den Herstellerbanderolen, natürlich ohne Gewähr.

Außer Stulpen sind noch ein paar andere Strickteile im Buch zu finden, entweder zur Komplettierung, oder einfach nur so, aus Spaß an der Freude beim Stricken. ...

Ach ja Spaß – den wünsche ich Ihnen, beim Durchblättern und Nacharbeiten!

Abkürzungen

StrS	Strickschrift
MA	Maschenanschlag
M	Masche
MM	Mittelmasche
RM	Randmasche
R	Reihe
HR	Hinreihe
RR	Rückreihe
Ru	Runde
MS	Mustersatz
re M	rechte Masche
li M	linke Masche
kr re	kraus rechts
str	stricken
verschr	verschränkt
verschr zun	verschränkt zunehmen
zun	zunehmen
abn	abnehmen
zus	zusammen
US	Umschläge
HN	Hilfsnadel
LM	Luftmaschen
KM	Kettmaschen
fM	feste Maschen

Anleitung für den MA über einen Faden

Manchmal ist es günstig, keinen festen Anschlag zu arbeiten. So brauchen Sie zum Beispiel beim Möbius einen Anschlag über einen Faden oder einen anderen offenen MA.
Mehrere Möglichkeiten dieses MA werden in Strickbüchern und -zeitungen, oder im Internet erläutert. Ich werde hier versuchen den von mir am meisten verwendeten Anschlag möglichst verständlich zu beschreiben.

Eine Anfangsschlinge auf die Nadel nehmen und dann den Arbeitsfaden wie üblich um die Finger der linken Hand schlingen. Gleichzeitig den Hilfsfaden zwischen beiden Händen, jeweils mit Daumen und Mittelfinger, straff halten.

Nun die M abwechselnd einmal über und einmal unter dem Hilfsfaden um die Nadel schlingen.

So fortfahren, bis die gewünschte Maschenanzahl erreicht ist.

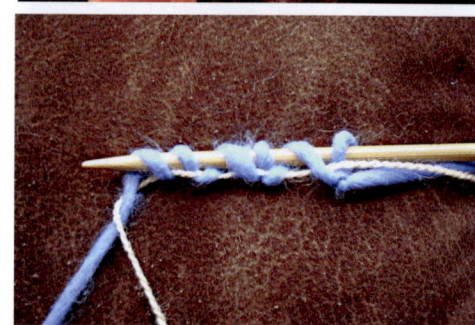

Nun die Maschen wie gewohnt abstricken. Die erste Reihe sollte eine rechte oder eine linke sein, noch keine Musterreihe. Um "nach unten" weiter zu stricken, den Hilfsfaden durch eine Stricknadel ersetzen. Beachten Sie beim Abstricken, dass diese Maschen abwechselnd normal und verschränkt auf Ihrer Nadel sind.

Spirali/St

<u>Material</u>: ca 40 g, Regia 6fädig, 125 m/50 g, 280 Rocailles 4 mm, Nadelspiel Nr. 3.

<u>Muster</u>: Muster I – 2 li, 2 re
Muster II nach StrS

Anleitung
56 M anschlagen und auf 4 Nadeln verteilen, dabei bei * anfangen und 14 M pro Nadel nehmen. 3 Runden im Muster I stricken. Nun nach StrS weiter arbeiten. Die Ru 1 und 2 insgesamt 20 x stricken, dann die Ru 3 – 5 arbeiten. Alle Maschen abketten und beim Faden Vernähen die obere Kante so zusammennähen, dass Daumen und Hand getrennt werden. Die 2. Stulpe genauso arbeiten.

Perlen statt Umschlag einfügen

Bei meinen Strickschriften steht das Symbol ⌐ für das Einfügen einer Perle statt eines Umschlages. Wer lieber ohne Perlen strickt, der kann an dieser Stelle einen normalen US machen und hat dann ein Lochmuster. Umgekehrt lassen sich so auch andere Ajourmuster mit Perlen stricken.

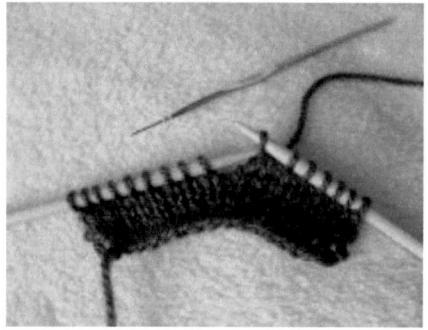

Zuerst eine Perle auf eine feine Häkelnadel stecken.

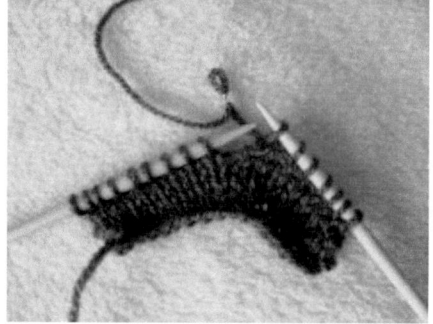

Dann den Arbeitsfaden durch die Perle ziehen

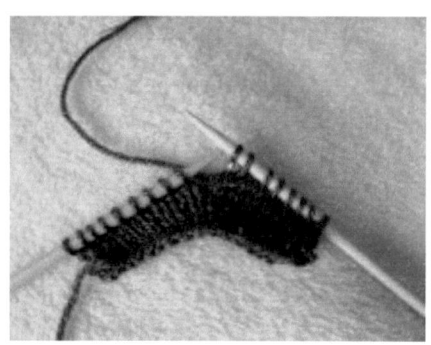

Diese Schlaufe auf die rechte Nadel nehmen

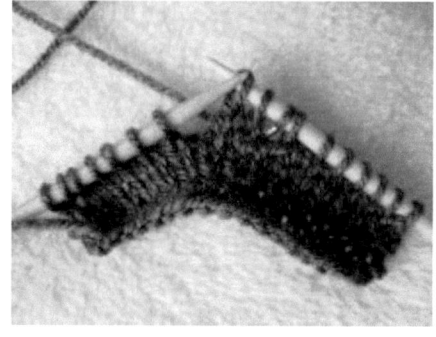

Normal weiter stricken

Klara/St

<u>Material</u>: ca. 60 g, Fortissima Socka 6fach von Schoeller und Stahl, 125 m/50 g, 60 Rocailles 4 mm, Nadelspiel Nr. 3, Sicherheitsnadeln

<u>Muster</u>: Muster I – 2 li, 2 re
         Muster II nach StrS

Anleitung
56 M anschlagen auf 4 Nadeln verteilen und im Bundmuster (Muster I) 10 Runden stricken. Von nun an mit Nadel 1 und 2 im Muster II und mit Nadel 3 und 4 weiter im Muster I arbeiten. Die Runden 1 – 14 werden noch 2 x wiederholt.
In Ru 13 mit dem Daumenspickel beginnen. Dafür 8 x in jeder 3. Runde nach der 13. M der 2. Nadel und vor der 13. M der 3. Nadel je 1 M verschränkt zunehmen, dabei zum Muster I ergänzen, das Muster II weiter fortführen. Nach der 8. Zunahme noch 2 Runden stricken und dann die 18 M für den Spickel auf 2 Sicherheitsnadeln still legen und in der kommenden Runde an dieser Stelle 2 M neu anschlingen. Mit den 56 M weiter im Muster str. Nach Ende der 2. Wiederholung des Höhenrapports wurden am Modell noch *3 Ru 1 M re, 1 M li gestrickt. Dann italienisch abketten/abnähen.
Zum Schluss die 18 still gelegten Maschen auf 3 Nadeln verteilen, aus den angeschlungenen M 2 M herausstricken und 2 Runden im Muster I stricken. Dann ab * arbeiten
Die andere Stulpe gegengleich stricken.

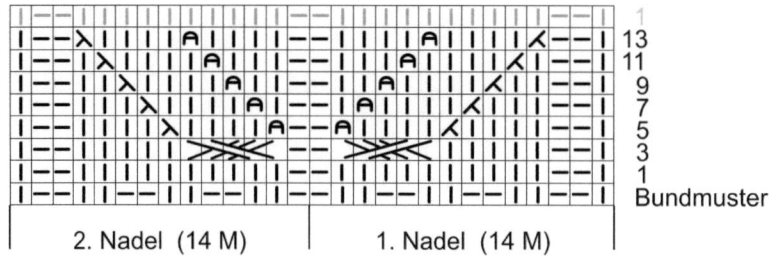

	2. Nadel (14 M)	1. Nadel (14 M)

>≫≪   2 M vor die Arbeit legen, 3 M re str, dann die 2 M von der Hilfsnadel re str

>≫≪   3 M hinter die Arbeit legen, 2 M re str, dann die 3 M von der Hilfsnadel re str

Gabi/St

Variation von
Gabis Perlenstulpen
aus meiner Internetseite für
4fach Sockengarn

<u>Material</u>: ca 50g RegiaSilk, LL 200 m/50 g, 168 Rocailles 3 mm mit
Silbereinzug. Nadelspiel Nr. 2,5,

<u>Muster</u>:   Muster I – 2 li, 2 re
Muster II nach StrS, es ist jede 2. Ru gezeichnet, die Runden
dazwischen so stricken, wie die M erscheinen. Die US und
Perlenmaschen re str.
Abketten – jede 2. und 3. M vom Muster II verkreuzen, so dass
1re, 1li gestrickt werden kann. Weiter die M vom Muster II
auch 1re, 1li stricken. Nach 5 Runden die M abnähen
(italienisch abketten).

Anleitung
64 M anschlagen auf 4 Nadeln verteilen und 10 Runden im Muster I
stricken. Nun 36 Ru nach StrS arbeiten. Für den Daumenspickel nach
der letzten M der 2. Nadel und vor der 15. M der 3. Nadel 11 x jede 3.
Ru eine M aus dem Querfaden zun., und im Muster I arbeiten. Mit je
einer li M beginnen, so laufen in der Mitte des Daumens 3 li M hoch.
Nach der 11. Zunahme noch 2 x drüber str, dann die 23 M für den
Daumen still legen. Die Stulpe im Muster (Nadel 1 und 2 nach StrS,
sonst Muster I) weiter arbeiten. Dabei statt der Daumenmaschen 1 M
neu anschlingen – je Nadel nun wieder 16 M.
Nach Ende des 7. Mustersatzes in der Höhe wie oben für Abketten
beschrieben verfahren.
Für den Daumen die still gelegten M auf 3 Nadeln verteilen, aus der
angeschlungenen M eine M herausstricken und im Muster noch 10 Ru
stricken. Dann wie angegeben abketten, aber nur 2 Ru im Muster II
arbeiten.
Die 2. Stulpe gegengleich arbeiten. Fäden vernähen und abschneiden.
Die Stulpen können auch ohne Perlen gestrickt werden, dann statt der
Perlen jeweils US machen.

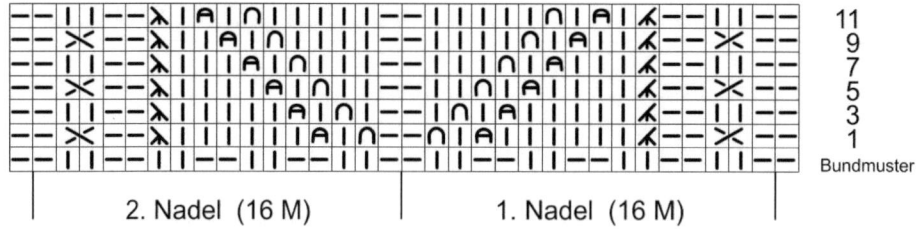

11
9
7
5
3
1
Bundmuster

| 2. Nadel (16 M) | 1. Nadel (16 M) |

Margarete/St

Material: ca. 65 g Regia 6fädig, 125 m/50 g; 120 Rocailles 4 mm,
1, bzw 2 Rundstricknadeln Nr. 3,

Muster: Muster I – 2 re, 1 li, ständig wiederholen
Muster II nach StrS A und B, es ist jede 2. Ru gezeichnet. In
den nicht gezeichneten Ru die M str, wie sie erscheinen, die
US und Perlmaschen re str.
Daumenspickel nach StrS DS. Es ist jede Ru gezeichnet.

Anleitung

54 M anschlagen auf 2 Rundstricknadeln oder mit Magic Loop auf einer Rundstricknadel verteilen und nach StrS A stricken. Die Ru 3 und 4 werden 4 x gestrickt. Im Anschluss an Ru 6 nach StrS B weiter arbeiten.

Lt. StrS 28 M auf Nadel 1 und 26 M auf Nadel 2. Die in der StrS nicht gezeichneten M (21M der Handfläche) auf der 2. Nadel werden im Muster I gestrickt. Die Runden 1 – 8 ständig wiederholen.

Mit dem Daumenspickel in Ru 7 der 3. Wiederholung beginnen. Dafür zwischen den * nach StrS DS arbeiten. Dann die 17 M für den Spickel auf 2 Sicherheitsnadeln still legen. In der nächsten Runde an dieser Stelle 3 M neu anschlingen. Weiter wie vor Beginn des Daumenspickels stricken, bis die gewünschte Länge fast erreicht ist. Noch 5 Ru im Muster I str, dann abketten

Zum Schluss die 17 still gelegten Maschen auf 3 Nadeln verteilen, aus den angeschlungenen Maschen 3 M herausstricken und 8 Ru im Muster weiter stricken, dann abketten.

Die andere Stulpe gegengleich stricken d.h., den Daumenspickel über dem 1. Muster arbeiten

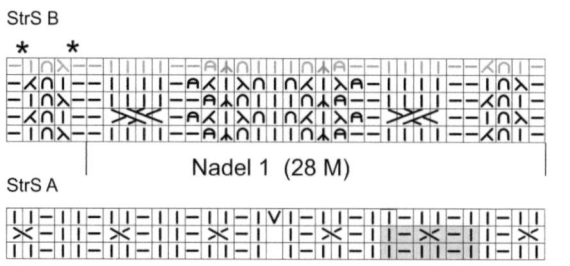

StrS DS

StrS B

Nadel 1 (28 M)

StrS A

MS

14

Helene/St

<u>Material</u>: ca 60g, Fortissima Socka 6fach von Schoeller und Stahl, 125 m/50 g; 120 Rocailles 4 mm, Nadelspiel Nr. 3,5,

<u>Muster</u>: Muster I – 2 li, 2 re
Muster II nach StrS
Abketten – jede 2. und 3. M vom Muster I verkreuzen, so dass 1re, 1li gestrickt werden kann. Weiter die M vom Muster II auch 1re, 1li stricken. Nach 2 Runden die M abnähen (italienisch abketten).

Anleitung
52 M anschlagen, auf 4 Nadeln verteilen und 7 Runden im Muster 2 re, 2 li stricken. Nun nach StrS weiter arbeiten. Dabei in Ru 1 mustergemäß am Ende der 1. Nadel 1M verschränkt aus dem Querfaden zunehmen. Die Runden 3 – 8 ständig wiederholen. Nach der 3. Wiederholung (4 x den MS in der Höhe) mit dem Daumenspickel beginnen. Dafür 8 x in jeder 3. Runde nach der letzten M der 2. Nadel und vor der 12. M der 3. Nadel je 1 M verschränkt zunehmen, dabei zum Muster I ergänzen, das Muster II weiter fortführen. Nach der 8. Zunahme noch 2 Runden stricken und dann die 17 M für den Spickel auf 2 Sicherheitsnadeln still legen, in der kommenden Runde an dieser Stelle 1M neu anschlingen. Mit den 52 M weiter arbeiten. Nach dem 10. Muster in der Höhe noch 2 Ru weiter str. Dann so wie oben beschrieben abketten, dabei die in der 1. Runde zugenommene M wieder abnehmen. Oder 2 Ru im Muster I str und normal abketten.
Zum Schluss die 17 still gelegten Maschen auf 3 Nadeln verteilen, aus der angeschlungenen M 2 M herausstricken und 3 Runden stricken, dann wie beschrieben abketten.
Die andere Stulpe gegengleich stricken, d.h., den Daumenspickel zwischen 4. und 1. Nadel arbeiten.

StrS   4 = 4 M li zus str

Nadel 2 (13 M)   Nadel 1 (14 M)

16

Agnes/St

Material: ca. 55 g Regia 6fädig, 125 m/50 g; 56 Rocailles 4 mm,
         1, bzw 2 Rundstricknadeln Nr. 3,

Muster: Muster I – 2 li, 2 re
          Muster II nach StrS. In den nicht gezeichneten Ru die M
          so str, wie sie erscheinen. US und Perlmaschen re str.

Anleitung
56 M anschlagen auf 2 Rundstricknadeln, oder mit Magic Loop auf 1
Rundstricknadel verteilen und 7 Ru im Muster I stricken. Nun nach StrS
weiter arbeiten. Dabei die M lt. StrS aufteilen. Die Runden 1 – 16
ständig wiederholen.
Mit dem Daumenspickel in Ru 9 der 1. Wiederholung beginnen. Dafür
8 x in jeder 3. Runde nach der in der StrS mit * gekennzeichneten li
Masche und vor der nächsten li M je 1 M verschränkt zunehmen, dabei
zum Muster I ergänzen,. Nach der 8. Zunahme noch 2 Runden stricken
und dann die 17 M für den Spickel auf 2 Sicherheitsnadeln still legen. In
der nächsten Runde an dieser Stelle 1M neu anschlingen. Weiter wie
vor Beginn des Daumenspickels stricken, bis die gewünschte Länge
erreicht ist. Am Modell nach 3 ½ mal den Höhenrapport. Noch 6 Ru im
Muster I str, dann abketten
Zum Schluss die 17 still gelegten Maschen auf 3 Nadeln verteilen, aus
der angeschlungenen M 1 M herausstricken und 8 Ru stricken, dann
abketten.
Die andere Stulpe gegengleich stricken, d. h., den Daumenspickel vor
dem Muster arbeiten

*

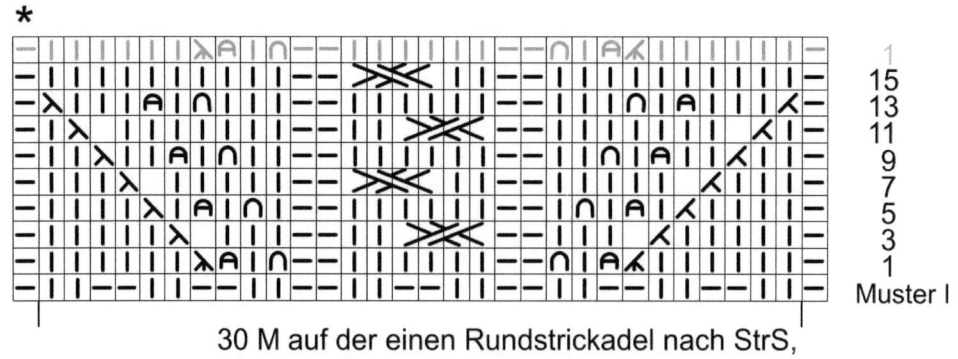

30 M auf der einen Rundstrickadel nach StrS,
26 M auf der anderen Nadel im Muster I

Paula/ST

<u>Material</u>: ca 30 g, RegiaSilk, LL 200 m/50 g, 104 Rocailles 3mm,
Nadelspiel Nr. 2,5, oder Rundstricknadeln für Magic Loop

<u>Muste</u>r: Muster I - Bundmuster 2 re, 2 li,
Muster II nach StrS, Runde, bzw. Reihe 1 – 72, Es ist nur jede
2. Runde/Reihe gezeichnet. In den nicht gezeichneten
Runden/Reihen die M so str, wie sie erscheinen, die US und
Perlmaschen aber in Runden immer re, in Reihen (RR) aber
immer li abstricken.

Anleitung
64 M anschlagen und auf 4 Nadeln des Nadelspiels oder entsprechend
auf eine oder 2 Rundstricknadeln (Stricken auf 2 Rundstricknadeln oder
mit Magic Loop) verteilen.
35 Runden im Bundmuster stricken, dann nach StrS (ab Ru 1) weiter
arbeiten. Ab Ru 30 in Reihen (HR und RR) weiter stricken. Dabei laut
StrS immer entsprechend M abketten.
Am Ende der Arbeit mit dem Arbeitsfaden eine Schlaufe häkeln, am
Mittelfinger probieren. Diese Schlaufe noch einmal mit festen Maschen
behäkeln.
Die 2. Handstulpe genauso arbeiten.

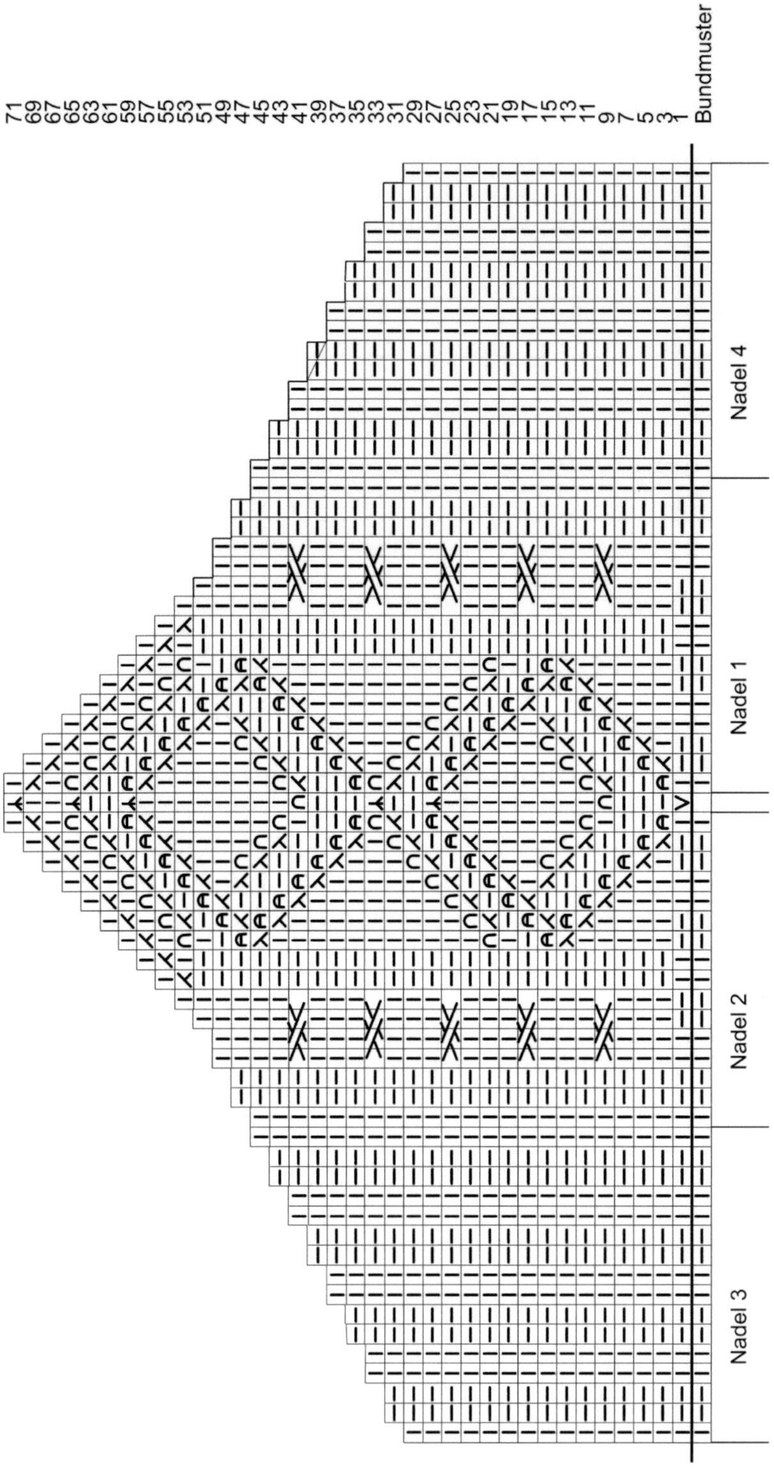

71 69 67 65 63 61 59 57 55 53 51 49 47 45 43 41 39 37 35 33 31 29 27 25 23 21 19 17 15 13 11 9 7 5 3 1

Bundmuster

Nadel 4

Nadel 1

Nadel 2

Nadel 3

Salome/St

<u>Material</u>: ca 65g, Regia 6fädig, 125 m/50 g, 84 Rocailles 4, Nadelspiel
Nr. 3,5,

<u>Muster</u>:   Muster I – 2 li, 2 re
Muster II nach StrS

Anleitung
56 M anschlagen, 4 Nadeln verteilen und 7 Runden im Muster I
stricken. Von nun an mit Nadel 1 und 2 im Muster II und mit Nadel 3
und 4 im Muster I weiter arbeiten. Gemäß der StrS am Ende der 1.
Nadel 1 M li verschränkt aus dem Querfaden zunehmen. In Ru 11
mustergemäß 2 M li verschr zunehmen. Die Runden 13 – 30 werden
noch 2 x wiederholt.
In Ru 15 der ersten Wiederholung mit dem Daumenspickel beginnen.
Dafür 8 x in jeder 3. Runde nach der 13. M der 2. Nadel und vor
Beginn der 3. Nadel je 1 M verschränkt zunehmen, dabei zum Muster I
ergänzen, das Muster II weiter fortführen. Nach der 8. Zunahme noch 2
Runden stricken und dann die 18 M für den Spickel auf 2
Sicherheitsnadeln still legen. In der kommenden Runde an dieser
Stelle 2 M neu anschlingen. Mit den 56 M weiter im Muster I, bzw. II bis
Ru 28 der 2. Wiederholung str. Noch 5 Ru im Muster I arbeiten, dafür
die in Ru 1 und 11 zugenommenen M wieder abnehmen.
Zum Schluss die 18 still gelegten Maschen auf 3 Nadeln verteilen, aus
den angeschlungenen M 2 M herausstricken und 8 Runden stricken,
dann abketten.
Die andere Stulpe gegengleich stricken, d. h., den Daumenspickel
zwischen 4. und 1. Nadel arbeiten

StrS auf Seite 25

Grazina/St

<u>Material</u>: ca 60g Regia 4fädig, LL 210 m/50 g, 78 Rocailles 3 mm
Nadelspiel Nr. 2,5,

<u>Muster</u>: Muster I - 1 re, 1 li
Muster II - 3 re, 1 li
Muster III nach StrS A und StrS B, hier ist jede 2. Ru
gezeichnet, die Runden dazwischen so stricken, wie die M
erscheinen. Die US und Perlenmaschen re str.
Abketten - die M abnähen (italienisch abketten).

Anleitung
64 M italienisch anschlagen. 4 R 1 M re, 1 M mit vorgel. Fd abheben
str, dann auf 4 Nadeln verteilen. Weiter in Runden (es bleibt ein kleiner
Schlitz) nach StrS A arbeiten. 3 x die Ru 1 - 4 und noch 1x die Ru 1 - 2
stricken. Dann mit den M der 1. und 2. Nadel (32 M) nach StrS B
arbeiten, Die Ru 1 – 24 noch 2 x wiederholen. Die M der anderen
Nadeln im Muster II stricken.
Für den Daumenspickel in Ru 3 der ersten Wiederholung des
Höhenrapports nach der 15. M der 2. Nadel und vor Beginn der 3.
Nadel 10 x in jeder 3. Ru eine M aus dem Querfaden zun. und im
Muster II arbeiten. Nach der 10. Zunahme noch 2 x drüber str, dann die
21 M für den Daumen still legen. Die Stulpe weiter arbeiten. Dabei statt
der Daumenmaschen 1 M neu anschlingen – je Nadel nun wieder 16 M.
Nach Ru 20 des 3. Mustersatzes in der Höhe noch 5 Ru im Muster I
arbeiten und dann abketten, bzw. die M abnähen..
Für den Daumen die still gelegten M auf 3 Nadeln verteilen, aus der
angeschlungenen M eine M herausstricken und im Muster II noch 8 Ru
und 2 Ru im Muster I stricken. Dann wie angegeben abketten, bzw,
abnähen..
Die 2. Stulpe gegengleich (4. Nadel für Daumenspickel) arbeiten.
Fäden vernähen, dabei den kleinen Schlitz am Anfang des Bündchens
zunähen.
Die Stulpen können auch ohne Perlen gestrickt werden, dann statt der
Perlen jeweils US machen.

Grazina/St

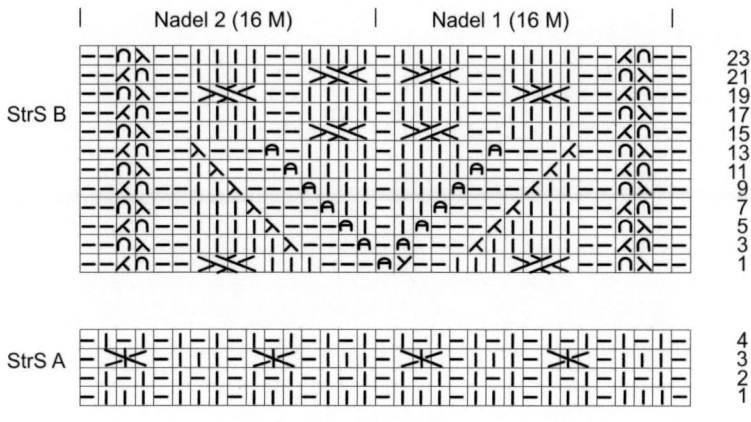

StrS B

Nadel 2 (16 M)   Nadel 1 (16 M)

23
21
19
17
15
13
11
9
7
5
3
1

StrS A

4
3
2
1

>|< 2 M auf eine HN vor die Arbeit legen, 1 M re str, dann die
2. M von der HN auf die li Nadel heben, und li abstricken.
Die auf der HN verbliebene M re str

Salome/St

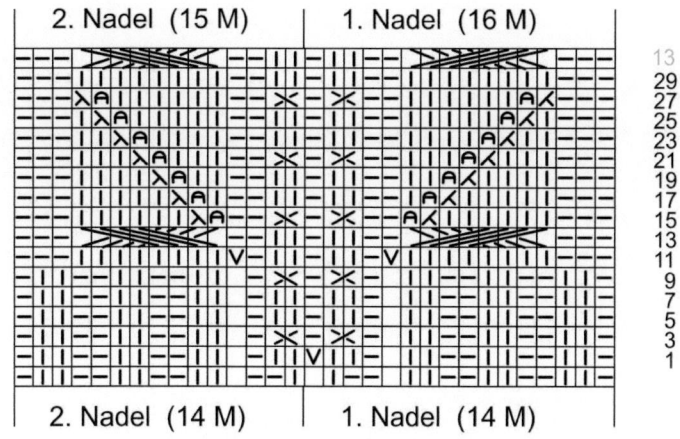

2. Nadel (15 M)   1. Nadel (16 M)

13
29
27
25
23
21
19
17
15
13
11
9
7
5
3
1

2. Nadel (14 M)   1. Nadel (14 M)

4 M auf einer HN vor die Arbeit legen, 4 M re str,
dann die M von der HN re str

4 M auf einer HN hinter die Arbeit legen, 4 M re str,
dann die M von der HN re str

Amanda/St

<u>Material</u>: ca. 60 (80) g, Fortissima Socka 6fach von Schoeller
und Stahl, 125 m/50 g, 120 (160) Rocailles 4 mm, 1, bzw
2 Rundstricknadeln Nr. 3,
Die Angaben in den Klammern beziehen sich auf die
Handschuhe

<u>Muster</u>: Muster I – 2 li, 2 re
Muster II nach StrS

Anleitung
56 M anschlagen auf 4 Strumpfstricknadeln verteilen und 9 Runden im
Muster I stricken. Dabei in den Ru 4 und 7 jeweils die beiden re M
verkreuzen. Nun nach StrS weiter arbeiten. Dabei die M lt. StrS
aufteilen. Die Runden 1 – 20 ständig wiederholen.
Mit dem Daumenspickel in Ru 3 der 1. Wiederholung beginnen. Dafür
8 x in jeder 3. Runde nach der 2 Nadel und vor der 13. M der 3. Nadel
(für die andere Stulpe/Handschuh nach der 13. M der 4. Nadel und vor
der 1. Nadel) je 1 M verschränkt zunehmen, dabei zum Muster I
ergänzen. Nach der 8. Zunahme noch 2 Runden stricken und dann die
17 M für den Spickel auf 2 Sicherheitsnadeln still legen. In der
kommenden Runde an dieser Stelle 1M neu anschlingen. Nach der 2.
Wiederholung des Musterrapports in der Höhe noch *2 Ru im Muster I
str, in der nächsten Ru stets die 2 re M wie im unteren Bund
verkreuzen, noch 2 Ru im Muster I arbeiten. Um italienisch
abzuketten/abzunähen nun jeweils eine re M mit einer li M so
verkreuzen, dass 1 M re, 1 M li entsteht. 1 Ru so str, dann die M
abnähen.
Zum Schluss die 17 still gelegten Maschen auf 3 Nadeln verteilen, aus
der angeschlungenen M 2 M herausstricken, die 19 M auf 3 Nadeln
verteilen und ab * arbeiten.
Die andere Stulpe gegengleich stricken. D.h., den Daumenspickel wie
o. a. vor dem Muster II arbeiten.

Am Beispiel dieser Stulpen möchte ich Ihnen zeigen, dass die Modelle auch als Handschuhe gearbeitet werden können. Für die korrekte Länge ist es am Besten, zwischendurch immer mal anzuprobieren. Die Abnahmen für die Spitze nach StrS B etwa 4 cm vor Ende des Handschuhs beginnen. Die restlichen Maschen im Maschenstich zusammen nähen. Den Daumen im Muster I stricken. Durch Anprobe richtige Länge ermitteln. Dann 1 Ru immer 2 M zus str, durch die letzten Maschen den Arbeitsfaden fädeln und die M zusammenziehen. Fäden vernähen.

StrS B

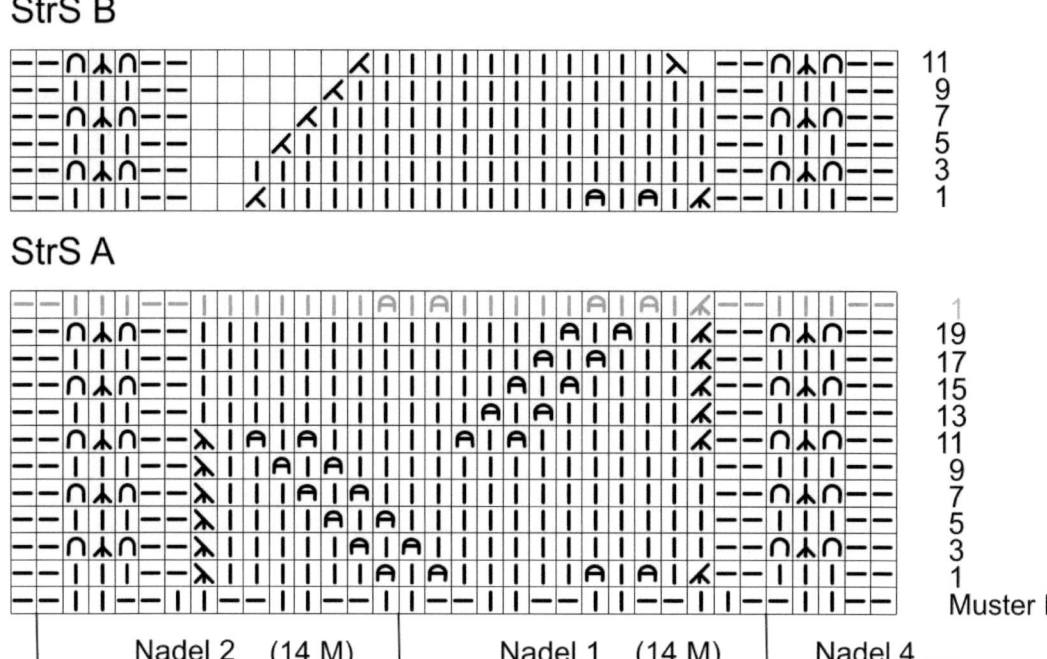

StrS A

Nadel 2   (14 M)   Nadel 1   (14 M)   Nadel 4 .....

Muster I

Alamea/St

Die Angaben für das Material und in der Anleitung beziehen sich auf einen Umfang von 25 cm, kurz unter dem Ellbogen gemessen. Für stärkere Arme können die Stulpen um jeweils 10 M/MS (ca 4cm) erweitert werden. Entsprechend mehr Perlen werden benötigt.

Material: ca 66g Regia 4fädig, LL 210 m/50 g, 168 Rocailles 3 mm für dieses Modell. Nadelspiel Nr. 2,5 und 3, Häkelnadel Nr. 0,65

Muster: Die Stulpen werden beide gleich nach den StrS A bis J und DS gestrickt. Die leeren Kästchen sind ohne Bedeutung. Da die einzelnen Abschnitte der StrS nicht mehr als 3 Musterrunden umfassen, habe ich die Runden nicht nummeriert. Wie oft die einzelnen Muster zu stricken sind, gebe ich ausnahmsweise als Anzahl der Löcher in der Höhe an. Das lässt sich am leichtesten zählen. Wenn Sie nach der jeweils „abgearbeiteten" StrS eine Markierung (Faden einziehen) anbringen, behalten Sie so am besten den Überblick.

Anleitung
70 M auf Nadel Nr. 3 anschlagen und auf 4 Nadeln verteilen. 1 Ru 1 re, 1 li und 1 Ru re stricken. Nach diesen beiden Ru nach StrS A 1x stricken. StrS B - 7 Löcher hoch, StrS C 1 x, StrS D - 7 Löcher hoch, StrS E 1 x, StrS F - 20 Löcher hoch. Dabei ab 7. Loch in der Höhe mit Nadeln Nr. 2,5 weiter stricken. Nach StrS G 1 x, StrS H - 13 Löcher hoch. Mit Beginn von H den Daumenspickel stricken. Dafür zwischen * und * nach StrS DS arbeiten. Nach der 22. Ru für den DS die 23 M auf 2 Sicherheitsnadeln still legen und in Runden weiter stricken. An Stelle der Daumenmaschen 1 M neu anschlingen. Nachdem 13 Löcher in der Höhe nach StrS H gestrickt wurden 1 x nach StrS J arbeiten, dann noch 2 Ru 1 re, 1 li und dann abketten. Am Modell wurde italienisch abgekettet. Nun die M für den Daumen auf 3 Nadeln verteilen und aus der angeschlungenen M eine M herausstricken. Mit diesen 24 M noch 4 Ru 1 re, 1 li str, dann so wie oben abketten. 2. Stulpe ebenso stricken.

Auf der Nadel ist Reihe 5 des DS (s. Foto)

StrS DS

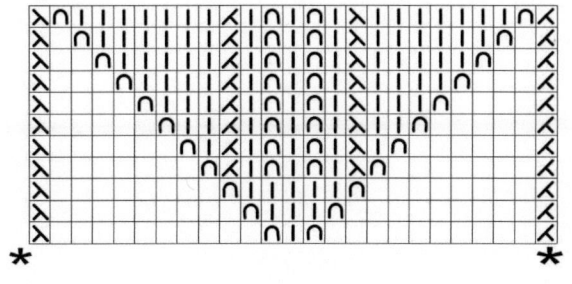 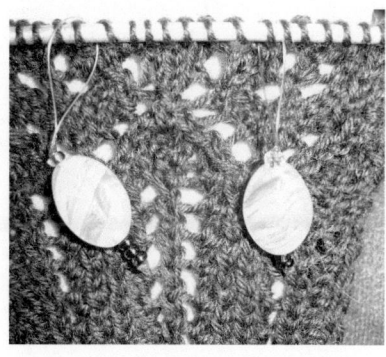

21
19
17
15
13
11
9
7
5
3
1

StrS J

StrS H

StrS G

StrS F

StrS E

StrS D

StrS C

StrS B

StrS A

Patrizia/St

<u>Material</u>: ca 90 g, RegiaSilk, LL 200 m/50 g, 146 Rocailles 4 mm,
         Nadelspiel Nr. 2,5, und Nr. 3

<u>Muster</u>: Muster I - 1 re, 1 li
         Muster II nach StrS A, bis D

Anleitung
62 M über einen Faden anschlagen. 5 Ru mit Nadel Nr. 2,5 im Muster I
stricken, dann 1 Ru nach StrS A. Weiter mit Nadel Nr. 3 arbeiten. 5 Ru
re. In der folgenden Ru jede kommende M mit einer M vom MA zus str.
(doppelter Rand). 1 Ru re str, dabei 1 M zunehmen = 63 M.

Dann weiter nach StrS B bis E arbeiten.
Die Ru 1 – 6 str, dann die Ru 7 – 10: 7 x ,
die Ru 11 – 14: 1 x, die Ru 15 – 18: 6 x,
die Ru 19 – 22: 1 x und die Ru 23 – 26: 6 x   arbeiten.

Nun mit dem Daumenspickel beginnen. Es wird vor und nach der mit *
gekennzeichneten M beginnend einen Keil in gl re gearbeitet. Dafür 8 x
in jeder 3. Runde je 1 M aus dem Querfaden zunehmen. Ansonsten das
Muster weiter führen. Nach der 8. Zunahme noch 2 Ru str, dann die 18
Daumenmaschen auf Sicherheitsnadeln stilllegen. An dieser Stelle in
der Folgerunde 2 M neu anschlingen und die Stulpe bis 1 cm vor der
gewünschten Länge (Anprobe) im Muster E weiter stricken. Noch 5 Ru
im Muster I arbeiten und dann alle M italienisch abketten (abnähen).
Für den Daumen die still gelegten M auf 3 Nadeln verteilen, aus den
angeschlungenen M 2 M herausstricken und 2 Ru re und noch 3 Ru im
Muster I arbeiten, dann wie oben beschrieben abketten/abnähen,
Fäden vernähen.

Namensgebung
*Wie auch bei meinen Tüchern habe ich auch hier wieder allen Modellen Namen
gegeben. Die Buchstaben hinter dem Schrägstrich bezeichnen, um was für eine
Art Kleidungsstück es sich handelt. „D" für ein Dreiecktuch, „S" für einen
Schal, wobei ich den Kapuzenschal auch dazu rechne. Außerdem noch „St" für
Stulpen.*

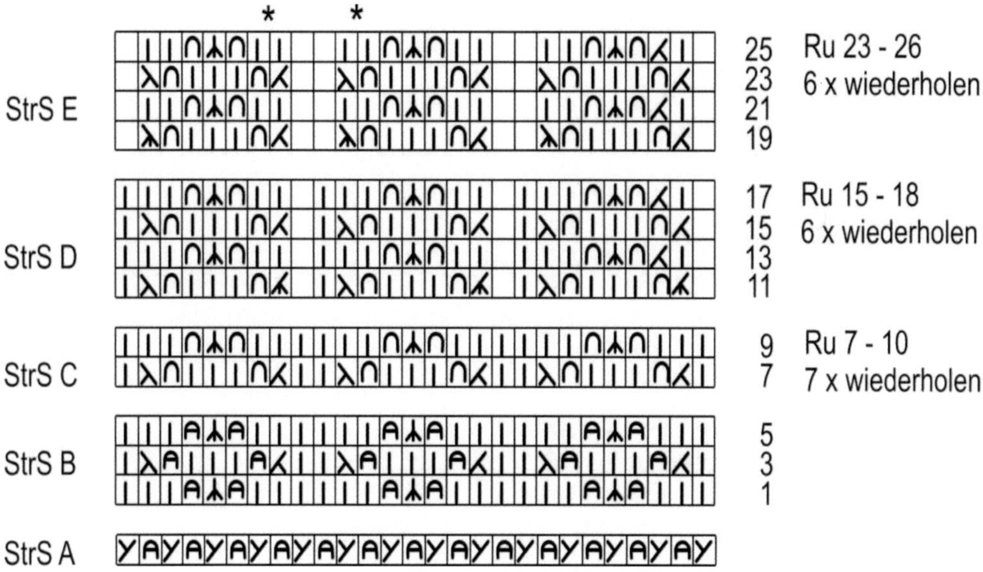

StrS E   25   Ru 23 - 26
                23   6 x wiederholen
                21
                19

StrS D   17   Ru 15 - 18
                15   6 x wiederholen
                13
                11

StrS C   9   Ru 7 - 10
                7   7 x wiederholen

StrS B   5
                3
                1

StrS A

Arbeitsmaterial

Im Allgemeinen habe ich die Stulpen mit einem Nadelspiel entsprechender Stärke gestrickt. Bei einigen Mustern ist es aber günstig, mit 2 Rundstricknadeln oder Magic Loop zu arbeiten, da am Übergang von der 1. zur 2. Nadel vom Nadelspiel gerade „gemustert" wird.

Weiterhin benötigen Sie noch Sicherheitsnadeln, eine Zopfnadel und natürlich eine Stopfnadel, um die Fäden zu vernähen.

Lochstreifenschal

Schal

Größe leicht gespannt: ca. 16 cm, Länge ohne Fransen ca. 1,60 m

Material: ca 100g "dye Effect" Fb. Aragonit von Regia, 70 %
Schurwolle, 25% Polyamid, 5% Polyacryl, LL 420 m/100 g,
1 Stricknadel Nr. 4, Häkelnadel Nr. 4

Muster: Fransen: Luftmaschenkette mit Kettmaschen behäkeln
Schalmuster: Nach StrS arbeiten
Der Schal lässt sich durch mehr oder weniger MS (6 M)
schmaler oder breiter stricken.

Anleitung
58 LM häkeln. Auf der Rückseite 17 KM arbeiten (dabei in der
vorletzten LM anfangen). 1 LM überspringen, 1 fM häkeln. Dann *18
LM häkeln, diese wie beschrieben mit 17 KM behäkeln, 1 LM der
anfänglichen LM-Kette überspringen, 1 fM häkeln.** Von * bis **
wiederholen, bis es 20 Fransen sind.
Ohne den Faden abzuschneiden nun mit einer dünnen Nadel (evtl.
Strumpfnadel) die M der LM-Kette und die M von der Häkelnadel
aufnehmen. Die Anzahl ggf. durch Zu- oder Abnehmen auf 39
ergänzen.
Den Schal nach StrS arbeiten. Dabei den MS 5 x stricken. Nach 13
Reihen die RR weg lassen und ab R 1 weiter stricken. Dadurch
entstehen die Zacken. Diese 13 Reihen ständig wiederholen.
Wenn das Garn bis auf einen Rest aufgebraucht ist (das entspricht bei
diesem Garn etwa einer Farbe aus dem Farbrapport) die M abketten
und die Fransen wie am Anfang anhäkeln. Statt der LM-Kette hier nun
auf die abgeketteten M arbeiten.
Fäden vernähen und Schal so spannen, dass die Zacken betont
werden. Wer mag kann diesen Schal auch ungespannt lassen. Bei
Verwendung anderen Garns kann es sich vielleicht sowieso erübrigen
oder auch auf alle Fälle notwendig sein.

MS

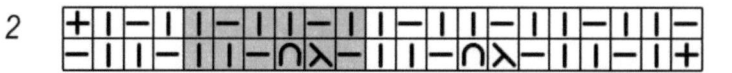

Fingerhandschuhe

<u>Material</u>: ca 55 g, Regia Hand-dye-Eeffekt, LL 420 m/100 g,
44 Rocailles, 4mm. Nadelspiel Nr. 2,25, Sicherheitsnadeln

<u>Muster</u>: Muster I - 1 re, 1 li
Muster II nach StrS A und B. In StrS B bei den nicht
gezeichneten Ru die M so str, wie sie erscheinen. Die US und
Perlmaschen re str.

Anleitung
60 M anschlagen und auf 4 Nadeln verteilen oder auf 2
Rundstricknadeln oder mit Magic Loop stricken. 25 Ru im Muster I
arbeiten, dann mit Nadeln 1 und 2 weiter nach StrS A, mit den Nadeln 3
und 4 gl re str. Die Ru 3 noch 3 x wiederholen. Nach StrS B fortfahren.
Nadeleinteilung bleibt.
In der Runde nach der 1. Verzopfung mit dem Daumenspickel
beginnen. 10 x in jeder 3. Ru nach der 14. M der 2. Nadel und vor der
14. M der 3. Nadel je 1 M verschränkt aus dem Querfaden zunehmen.
Daumennmaschen gl re str. Nach der 10. Zunahme noch 2 Ru stricken
und dann die 22 Daumenmaschen auf Sicherheitsnadeln stilllegen. In
der Folgerunde an dieser Stelle 2 neue M anschlingen und im Muster
weiter arbeiten. Nach der 5. Verzopfung ab Bundmuster alle M, bis auf
die mittleren 8, auch gl re, den mittleren Lochstreifen noch 4 Ru im
Muster weiter arbeiten. Dann über alle M gl re arbeiten. Die Finger nach
dem Schema einteilen. Wer stärkere Finger hat, der kann pro Steg 1
oder 2 M mehr anschlingen. Am besten ist es, gleich die Schema-
zeichnung entsprechend zu verändern.
Durch Anprobe ermitteln, wann mit dem kleinen Finger begonnen
werden muss. Dann lt. Schema je 8 M des Handrückens und der
Innenhand und 2 aufgeschlungene Stegmaschen auf 3 Nadeln verteilen
und in Ru den Finger arbeiten. Am Modell 18 Ru, dann jeweils die 2
letzten M jeder Nadel zus str. Sind nur noch 3 M pro Nadel übrig, den
Arbeitsfaden durch die 9 M fädeln, zusammenziehen und Faden auf der
Rückseite vernähen.

In der nächsten Ru aus den 2 Stegmaschen 2 M herausstricken und noch 7 Ru über die noch vorhandenen M arbeiten. Dann die anderen 3 Finger wie den kleinen stricken. Nach Schema die M vom Handrücken und von der Innenhand sowie die angegebenen Stegmaschen entweder neu anschlingen bzw. herausstricken. Am Modell für den Mittelfinger 27 Ru, für die anderen 2 Finger je 25 Ru. Tatsächlich benötigte Länge durch Anprobe ermitteln.
Den 2. Handschuh gegengleich arbeiten.

StrS B

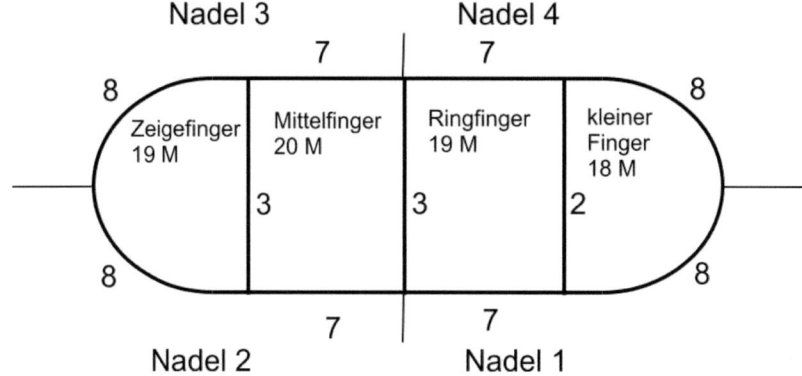

StrS A

Schema für Einteilung für die 4 Finger

Dagmar/S

<u>Material</u>: ca 60 g Peruseda von Wollerey, 80% Babyalpaka, 20% Seide,
LL 800 m/100 g, Nadel Nr. 4

<u>Muster</u>: Muster I - kr re, Hin- und Rückreihe rechts
Muster II nach StrS, in den nicht gezeichneten RR die ersten
und letzten 3 M,bzw US re, alle anderen M und US li str.

Anleitung

Am Modell sind die in der StrS angegebenen Verzopfungen nur in den ersten und letzten 3 Zacken ausgeführt worden. Ansonsten wurde das „Innere" des Schals gl re gestrickt.

26 M anschlagen und 4 R im Muster I stricken, dann nach StrS weiter arbeiten. Die R 27 – 46 ständig wiederholen, bis der Schal fast lang genug ist. Am Modell wurde der Höhenrapport noch 1 x mit Verzopfung wiederholt, dann 19 x ohne Verzopfung, stattdessen gl re gestrickt. Zum Ende den Höhenrapport noch 2 x mit Zöpfen, dann die R 47 – 72 und daran anschließend noch 4 R im Muster I arbeiten. Die M sehr locker abketten, Fäden vernähen, den Schal einweichen, vorsichtig in einem Tuch ausdrücken und dann spannen.

StrS

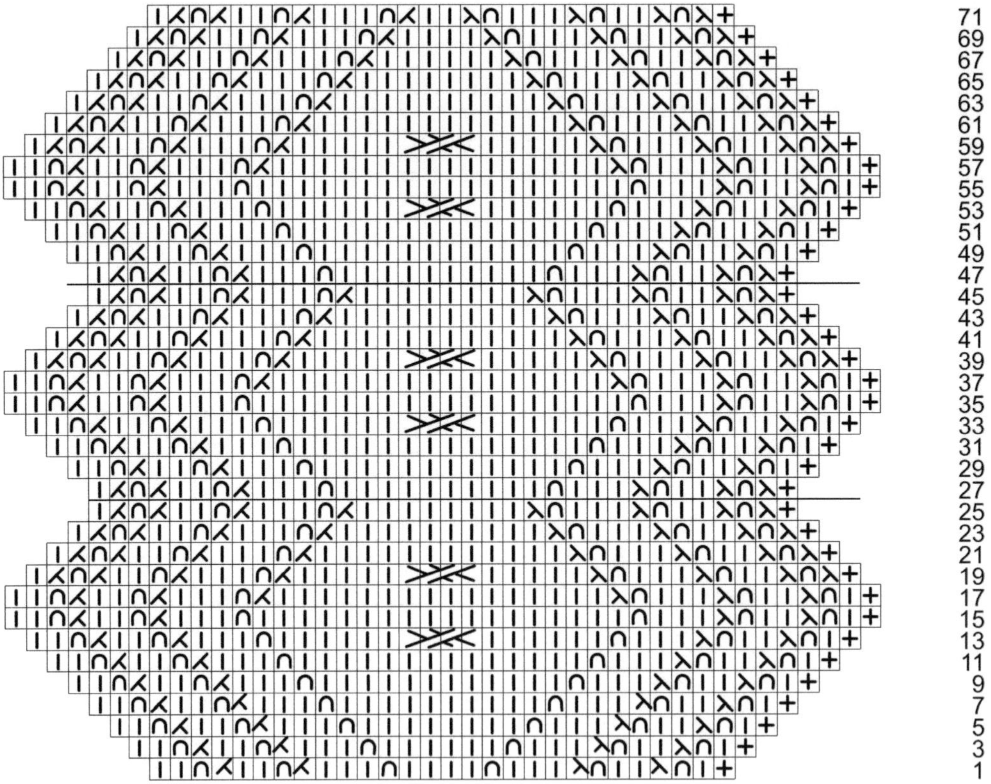

71
69
67
65
63
61
59
57
55
53
51
49
47
45
43
41
39
37
35
33
31
29
27
25
23
21
19
17
15
13
11
9
7
5
3
1

Set Severina

Versuchsweise habe ich hier selbstmusterndes Garn verwendet, obwohl das Strickmuster da nicht so gut erkennbar ist. Für den täglichen Gebrauch finde ich aber mitunter so gemusterte Accessoires sehr reizvoll und praktisch.

Um das Muster zu zeigen, habe ich noch ein Paar unifarbene Stulpen gestrickt, einen Höhenrapport kürzer und zusätzlich Perlen eingefügt. So sehen Sie nicht nur das Muster, sondern ich kann Ihnen auch gleich noch die Wirkung zeigen, wenn Sie statt US Perlen einfügen. Natürlich geht es auch umgekehrt, statt Perlen können Sie bei den Mustern, die hier im Buch mit Perlen sind, auch US arbeiten und erhalten ein reines Ajourmuster.

Severina/D

Größe: Die Kante entlang misst das Tuch etwa 170 cm und ist über der
      Spitze 30 cm hoch.

Material: ca 100 g Trekking hand art von Zitron, 75% Schurwolle,
      25% Polyamid, LL 420 M/100 g, Rundstricknadel Nr. 4.5,
      mindestens 1 m, 2 Strumpfnadeln Nr.4,5, 1 Häkelnadel Nr. 5 und
      mehrere Maschenmarkierer,

Muster: kr re - HR und RR re stricken
      Verkürzte Reihen (verk R) - R nicht bis ans Ende stricken. Beim
      Wenden die 1. M mit vorgelegtem Fd abheben, so straff
      anziehen, dass sich eine Doppelmasche bildet (DM).
      M zunehmen - dafür jeweils eine M verschränkt aus dem
      Querfaden zwischen 2 M herausstr.
      Kante - nach StrS A – F arbeiten, bei den nicht gezeichneten RR
      die ersten 2 M stets re, alle anderen M und US li str.

Anleitung
220 M anschlagen und re abstricken. Von nun an immer mit verk R arbeiten. Dafür stets die letzten 5 M nicht mehr stricken, vorher wenden und die 1. M als DM abheben.

Zur Bildung der Tuchform müssen Maschen folgendermaßen zugenommen werden: in der 10. R verteilt 11 M, in der 22. R verteilt 7 M und in der 34. R verteilt 5 M.

Weiter stricken, bis alle M still gelegt sind. Sie sind in der Mitte (Spitze eines sehr flachen Dreiecks) angekommen. MM markieren, beiderseits der MM sind 121 M (220 + 11 + 7 + 5 = 243 = 121 + 1 + 121)

Stricken Sie nun bis zum Ende der R re, wenden und 16 M wie folgt zun: 4 x alle 12 M, 3 x alle 10 M, 2 x alle 8 M, 2 x alle 6 M, 2 x alle 4 M, 1 x nach 3 M und 2 x alle 2 M. Jetzt sind Sie wieder an der MM und stricken die andere Hälfte genauso re bis ans Ende, wenden usw…

Jetzt sind vor und nach der MM jeweils 137 M auf der Nadel. Sie können nun mit der Kante beginnen.

Aus der MM häkeln Sie 28 LM und nehmen diese als Maschenanschlag auf eine Strumpfnadel auf. Mit diesen Maschen stricken sie die Kante nach den StrS A – F an. Dabei wird die letzte M der HR mit einer Tuchmasche zusammengestrickt. Sie beginnen mit verkürzten Reihen. Die R 1- 24 der StrS A wird insgesamt 3 x, B, C und D je 1 x und E 4 x gestrickt. Die letzten M abketten und dann die M aus der Luftmaschenkette erneut aufnehmen und gegengleich die 2. Hälfte der Kante anstricken. Dabei erfolgt das Zusammenstricken mit den Tuchmaschen in den RR.

Fäden vernähen und das Tuch spannen.

Severina/St

Material: *Kürzere Variante*: ca. 30 g, Fortissima Socka 4fach von
Schoeller und Stahl, 210 m/50 g, 72 Rocailles 3 mm.
Längere Variante: 60 g wie beim Tuch, 1 Nadelspiel Nr. 3,
besser 2 Rundstricknadeln oder eine lange für Macig Loop,
weil am Übergang zwischen der 1. und 2. Nadel Maschen zus
gestr werden, 1 Zopfnadel, 2 Sicherheitsnadeln

Muster: Muster I nach StrS A,
Muster II nach StrS B arbeiten, jede 2. nicht gezeichnete Ru
die M str, wie sie erscheinen, die US re str.

Anleitung

64 M anschlagen und auf 4 Nadeln verteilen. Im Muster I 10 x Ru 1 str, dann die Ru 2. Daran schließt sich das Muster II an. Dieses nur auf den Nadeln 1 und 2 arbeiten, Ru 1 – 14 wiederholen. Mit den Nadeln 3 und 4 weiter 2 re, 2 li arbeiten.

Für den Daumenspickel ab Runde 12 der 1. Wiederholung 11 x in jeder 3. Ru nach der 14. M der 2. Nadel und vor der 15. M der 3. Nadel 1 M verschränkt im Muster I herausstricken. Nach der 11. Zunahme noch 2 Ru stricken, dann die 24 Daumenmaschen auf Sicherheitsnadeln still legen und die Stulpe weiter str. Dafür an Stelle des Daumenspickels 2 M neu anschlingen. Jetzt stehen insgesamt wieder 63 M zur Verfügung. Wenn die Stulpe fast lang genug ist (anprobieren), dann noch 7 Ru im Muster I str, dabei am Anfang der 2. Nadel wieder 1 M zunehmen (64 M). Alle M abketten. Für den Daumen die still gelegten M auf 3 Nadeln eines Nadelspiels verteilen, 2 neue M aus den angeschlungenen M str und mit den nun 26 M 14 Ru str, dann abketten. Fäden vernähen und die 2. Stulpe gegengleich arbeiten.

Um das Muster zu zeigen noch einmal die gleichen Stulpen in unifarben, mit Perlen und kürzer. Der Beginn des Daumenspickels ist bereits in Ru 12 des 1. Höhenrapports. Perlen statt US einfügen. Am Modell in den Ru 3 – 13.

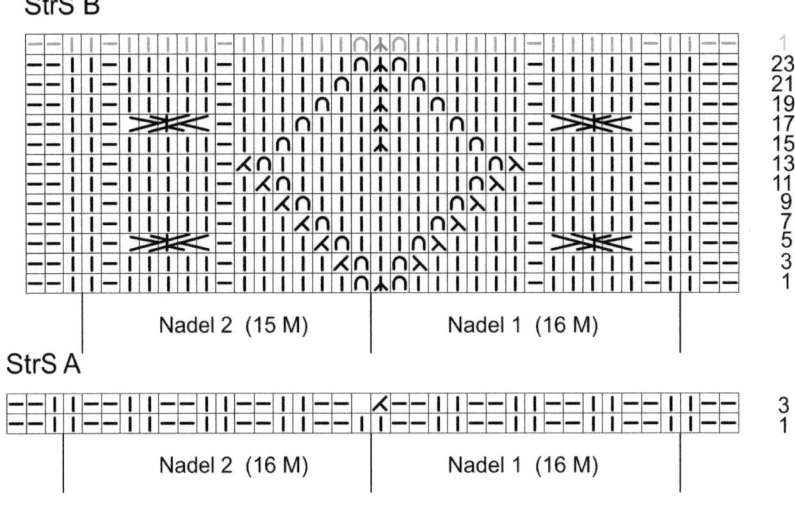

StrS B

Nadel 2 (15 M)   Nadel 1 (16 M)

StrS A

Nadel 2 (16 M)   Nadel 1 (16 M)

Nadel 3 und 4 je 16 M

44

StrS Tuch

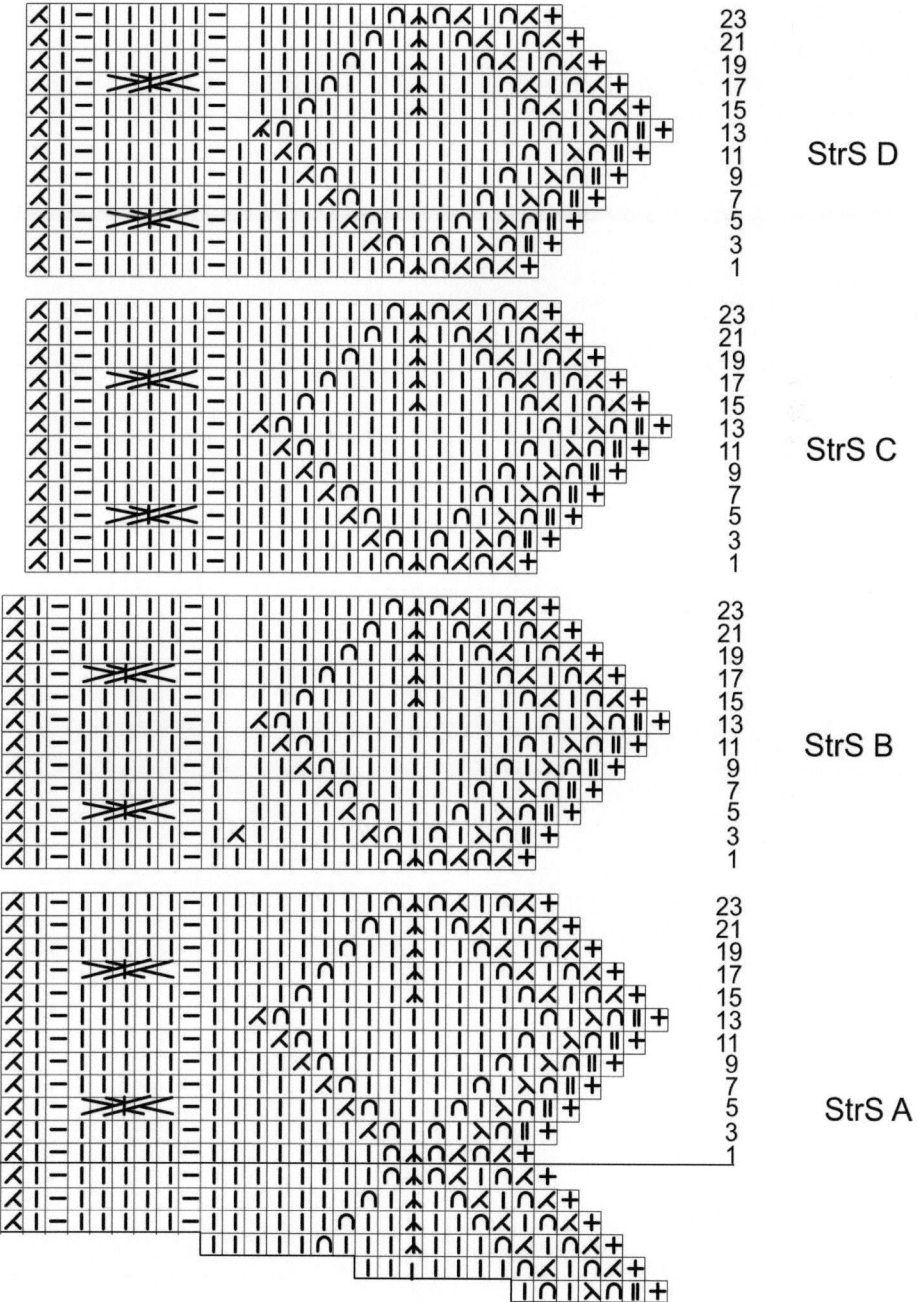

StrS D

23
21
19
17
15
13
11
9
7
5
3
1

StrS C

23
21
19
17
15
13
11
9
7
5
3
1

StrS B

23
21
19
17
15
13
11
9
7
5
3
1

StrS A

23
21
19
17
15
13
11
9
7
5
3
1

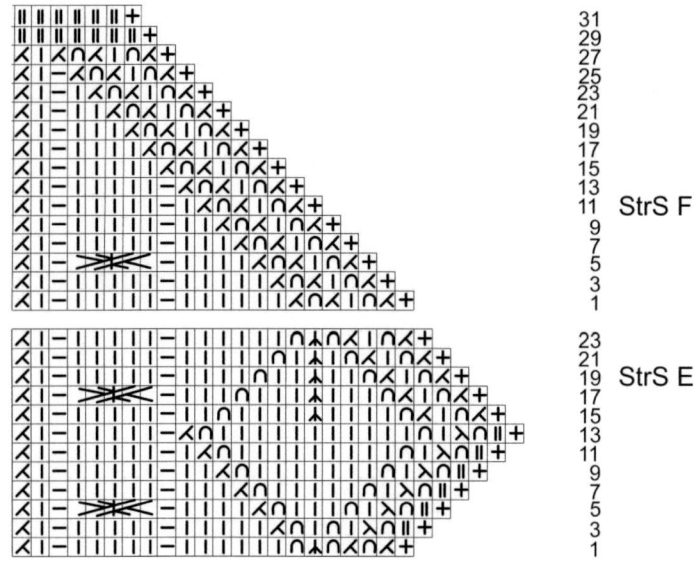

StrS F

StrS E

Schema für die gegengleiche Kantenhälfte

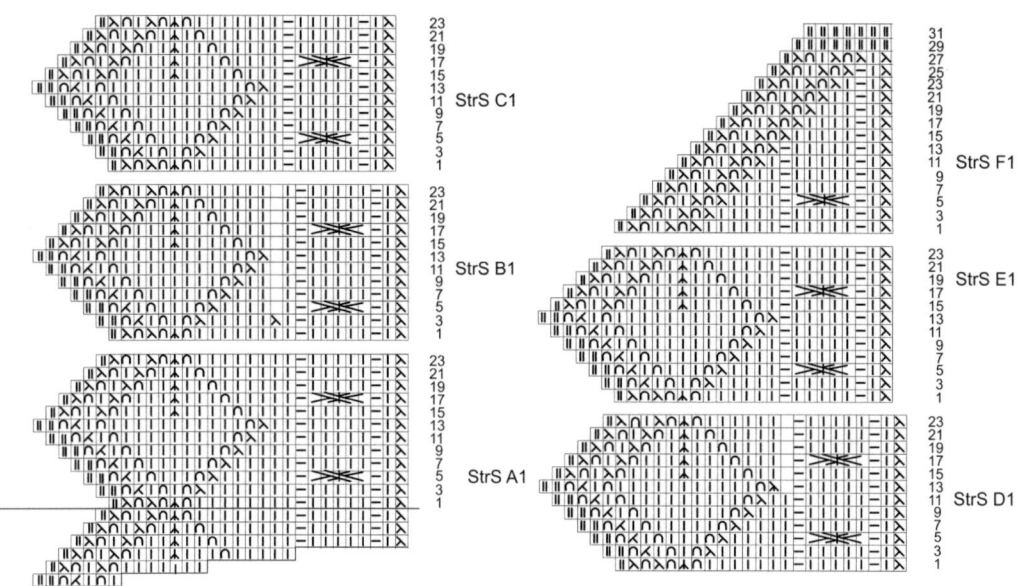

StrS C1

StrS B1

StrS A1

StrS F1

StrS E1

StrS D1

Allgemeine Anleitung für einen Möbiusschal

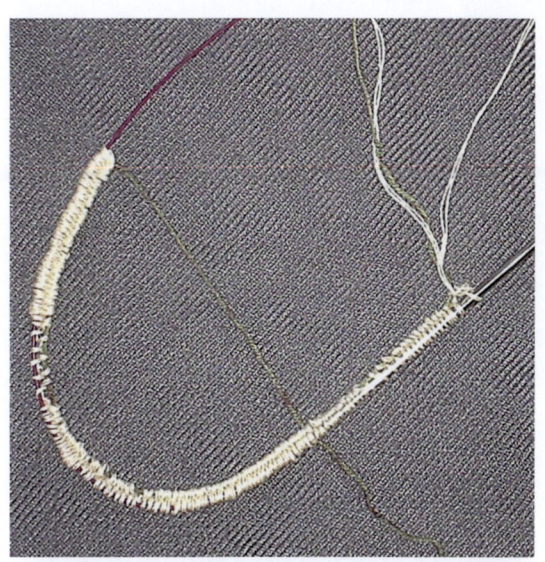

Mit Hilfe einer Maschenprobe ermitteln, wie viele Maschen für den Umfang des Schals nötig sind. Dabei müssen Sie beachten, dass die Anzahl ein Vielfaches des Mustersatzes betragen muss. Nun die Maschen wie schon beschrieben über eine Rundstricknadel (mindestens 1,20 m) und einen Faden anschlagen (s. Seite 9) und als RR abstricken.

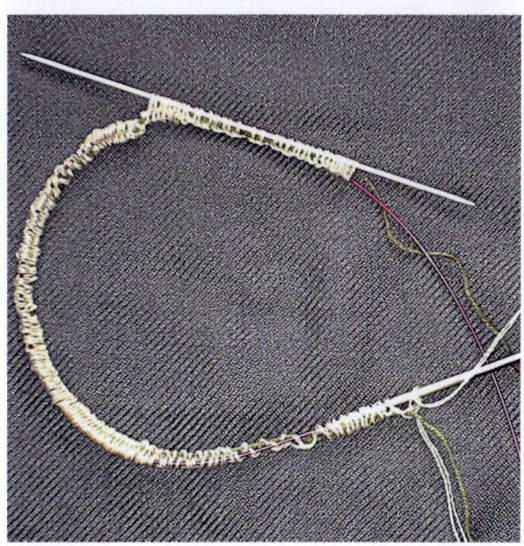

Jetzt in Runden weiter stricken. Dafür die Nadel mit der letzten abgestrickten Masche zur 1. Masche auf dem Seil biegen und so zum Ring schließen. Weiter gestrickt wird mit den Maschen, die auf dem Hilfsfaden liegen. Am besten den Hilfsfaden kurz etwas anziehen, damit die schon abgestrickte Reihe nicht verdreht wird.

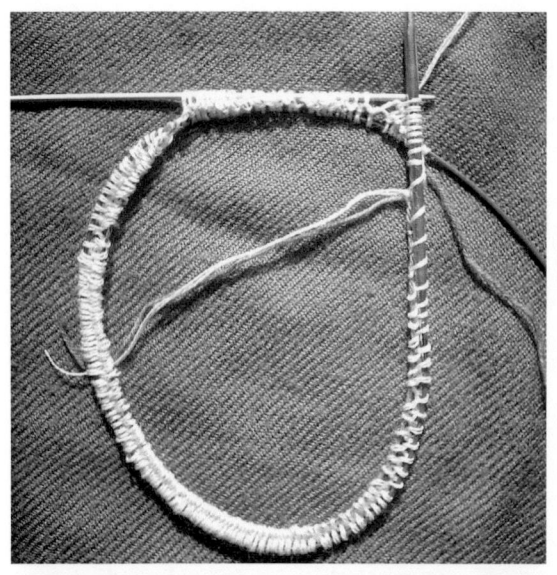

Nun die Maschen vom Hilfsfaden schon im Muster des Schals (R. 1 der StrS) abstricken. Hier am besten einen Maschenmarkierer einhängen. Hilfreich ist es, eine dünne Strumpfstricknadel durch die nächsten Maschen zu schieben und von dort ab zustricken. Dabei bleibt das andere Ende der Rundstricknadel weiterhin unberücksichtigt.

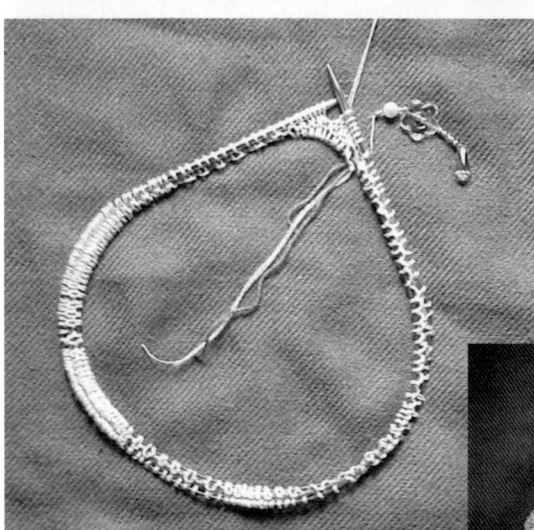

Nach Ende dieser Runde die Maschen (doppelte Anzahl wie MA) so auf der Stricknadel verteilen, dass nun "normal" weiter gestrickt werden kann. Nach Erreichen des Reihen-anfangs (Maschenmarkierer !) Reihe 2 des Musters arbeiten.

Weiter nach Strickschrift, bis die gewünschte Schalbreite erreicht ist

Set Mandana

Mehrere Teile in einem Muster oder Abwandlungen eines Musters zu arbeiten ergibt ein Set. In diesem Falle habe ich zum gleichen Grundmuster einen Möbiusschal, Handstulpen und Socken gestrickt. Es ist sehr interessant selbstmusterndes Garn zu verarbeiten. Allerdings sind Strickmuster dann nicht wirklich gut zu sehen. Auch wenn ein Muster dem Ganzen das gewisse Etwas verleiht – auf Fotos sind sie nur bedingt zu erkennen. Deshalb habe ich unifarbene Socken und noch ein Paar Stulpen dazu gestrickt, letztere allerdings kürzer. So können Sie nicht nur das Muster besser erkennen, Sie sehen auch gleich noch, was eine Veränderung um einen Höhenrapport ausmacht. Auch die Socken sind nur als Beispiel gedacht, wie vielfältig ein Muster verwendbar ist. Eine allgemeine Anleitung zum Sockenstricken habe ich nicht gegeben.

Stulpen

Sollten Ihnen die Stulpen mit dem angegebenen MA zu eng sein, dann schlagen Sie die von Ihnen benötigten Maschen (teilbar durch 2) an und arbeiten den Teil im Muster I breiter. Evtl den Daumenspickel auch um 2 M nach außen „verlegen".

Material: *Kürzere Variante*: ca. 30 g, Fortissima Socka 4fach von Schoeller und Stahl, 210 m/50 g, 72 Rocailles 3 mm.
Längere Variante: ca. 45g 4fädiges Sockengarn Trekking hand art von Zitron, 75% Schurwolle, 25% Polyamid, LL 420 M/100 g, Fb Borneo, 96 Rocailles 4 mm, Nadelspiele Nr. 2,5 und 3

Muster: Muster I – 1 li, 1 re
Muster II nach StrS/St, es ist jede 2. Ru gezeichnet, die Runden dazwischen so stricken, wie die M erscheinen. Die US und Perlenmaschen re str.

Anleitung

56 M anschlagen und auf 4 Nadeln verteilen. 20 Ru mit Nadeln Nr. 2,5 im Muster I stricken. Nun mit Nadel Nr. 3 nach StrS weiter arbeiten. Für die kürzeren Stulpen in Ru 10 mit dem Daumenspickel anfangen, für die längeren erst in Ru 10 der 1. Wiederholung des Höhenrapports. Es wird 9 x in jeder 3. Ru nach der 13. M der 2. Nadel und vor Beginn der 3. Nadel je 1 M verschränkt aus dem Querfaden zugenommen.
Nach der 9. Zunahme noch 1 Ru über alle M str, dann die 19 M für den Daumen auf Sicherheitsnadeln still legen. In der nächsten Ru an dieser Stelle 1 M neu anschlingen und mustergemäß die Stulpe zu Ende arbeiten. Beim Modell bis Ru 14, dann noch 7 Ru mit Nadeln Nr. 2,5. Die M abketten, beim Modell wurde italienisch abgekettet/abgenäht.
Die M für den Daumen auf 3 Nadeln Nr. 3 verteilen, vor, nach und aus der angeschlungenen Masche 3 M herausstr und 7 Ru im Muters I mit Nadel Nr. 3 str., abketten wie oben.
Die 2. Stulpe gegengleich arbeiten.

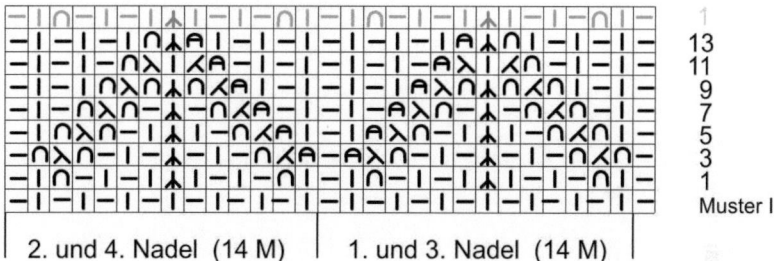

2. und 4. Nadel (14 M)   1. und 3. Nadel (14 M)

Socken

Material: 60g, Fortissima Socka 4fach von Schoeller und Stahl, 210 m/50 g, 96 Rocailles 3 mm. Nadelspiele Nr. 2,5 und 2,75

Muster: Muster I – Bundmuster, nach StrS
Muster II - nach StrS, es ist jede 2. Ru gezeichnet, die Runden dazwischen so stricken, wie die M erscheinen. Die US und Perlenmaschen re str.
Am Modell werden die Ru 1 – 32 gestrickt, dann die
Ru 19 – 32 noch 1 x wiederholt. Ab da die Ru 33 – 42 ständig wiederholen.

Anleitung

60 M anschlagen und auf 4 Nadeln verteilen. 7 Ru mit Nadeln Nr. 2,5 im Muster I str. Dann mit Nadel Nr. 2,75 im Muster II bis Ru 32 arbeiten. Jetzt das Muster nur noch auf der 1. und 2. Nadel weiter stricken. Mit den Nadeln 3 und 4 gl re stricken. Nun die Ru 19 – 32 noch 1 x wiederholen, in Ru 22 über den Nadeln 3 und 4 eine Ferse, am Modell die Bumerangferse, arbeiten. Dabei die 1. M der 3. Nadel und die letzte M der 4. Nadel weiter li stricken. Nach Fertigstellung der Ferse die Mustereinteilung beibehalten und mustergemäß weiter stricken. Wenn die für Ihre Größe benötigte Länge erreicht ist, eine Bandspitze in gl re stricken. Den 2. Socken genauso arbeiten.

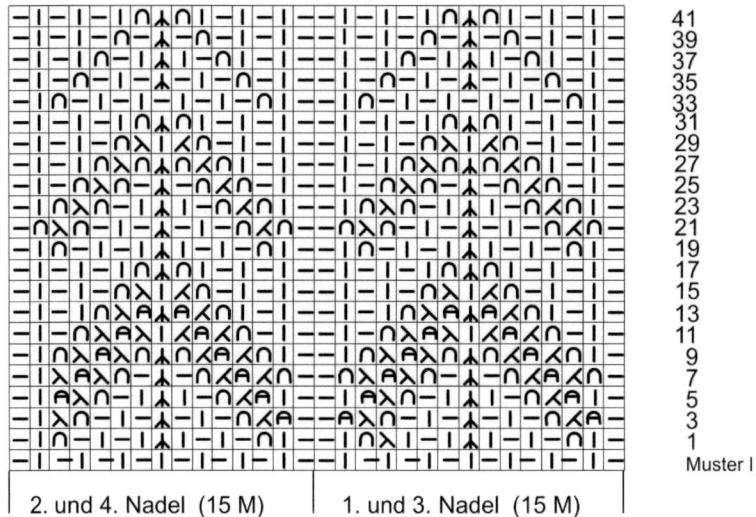

2. und 4. Nadel (15 M) | 1. und 3. Nadel (15 M)

Muster I

Möbiusschal

Größe gespannt: ca 40 cm breit, 1,15 m Umfang

<u>Material</u>: ca.130 g 4fädiges Sockengarn Trekking hand art von Zitron, 75% Schurwolle, 25% Polyamid, LL 420 m/100 g, Fb Borneo, 294 Rocailles 4 mm, 1 Rundstricknadel Nr. 4, mindestens 1,30 m lang

<u>Muster:</u> MA: es wird nach der allgemeinen Anleitung für einen Möbiusschal auf Seiten 47/48 gearbeitet.
Muster I – Perlmuster: 1 re, 1 li, in der nächsten Ru versetzt Muster II nach StrS, es ist jede 2. Ru gezeichnet, die Runden dazwischen so stricken, wie die M erscheinen. Die US und Perlenmaschen re str.

Anleitung
168 M über einen Faden anschlagen und nach der Anleitung für einen Möbiusschal im Muster I abstricken. Nachdem „oben und unten" abgestrickt wurde noch 1 M zunehmen. Es müssen insgesamt 337 M sein und das Muster muss sich von alleine versetzen. Also auf eine re erscheinende M muss eine li gestrickt werden. Am Rundenanfang einen Maschenmarkierer einhängen und von nun an fortwährend im Perlmuster arbeiten. Am Modell wurden ca. 110 g Garn so verstrickt, ehe mit der Kante nach StrS begonnen wurde.
Für die Kante einmalig 2 M zusammenstricken – 336 M (21 x 16 M). 2 Ru im Muster 1 re, 1 li arbeiten, dann weiter mit Ru 1 der StrS. Zum Schluss alle M locker abketten und Fäden vernähen. Schal einweichen, vorsichtig ausdrücken und dann spannen. Das geschieht am Besten stückweise wegen der Verdrehung.

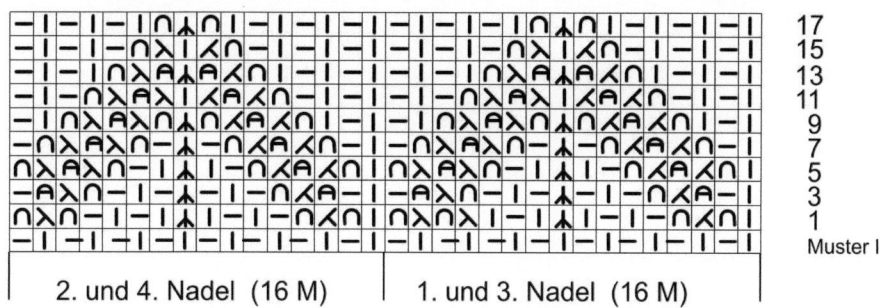

	17
	15
	13
	11
	9
	7
	5
	3
	1
	Muster I

2. und 4. Nadel (16 M)   1. und 3. Nadel (16 M)

Navina/S

Größe: one size

Material: 100 g Mohairmischgarn mit einer LL 300 m/50 g. Für das
Modell KidLight von Schachenmayr, 2 Rundstricknadeln
Nr. 4,5 ; 120 Rocailles 4 mm

<u>Muster</u>: Schlauchstrickerei – 1 M mit vorgelegtem Fd abheben,
1 M re, ständig wiederholen
Muster I: 1 re, 1 li
Muster II: nach StrS A – Kapuze, in Hin- und Rückreihen
Muster III: nach StrS B – Schalteil und Kante, in Hin- und
Rückreihen arbeiten. Bei den RR werden die ersten und
letzten 6 M in Schlauchstrickerei, alle anderen M und US li
gestrickt.

Anleitung
37 M über einen Faden anschlagen, li abstricken und dann im Muster
nach StrS A 36 M mit der 1. Rundstricknadel abstricken, dann die MM
und noch die 36 M vom Faden mit der 2. Rundstricknadel im Muster
abstricken, wenden und RR str. Ab der nächsten HR die Zunahmen aus
dem verschränkten Querfaden am Ende der 1. Nadel vornehmen, die 2.
Nadel mit der MM beginnen und dann die andere M mustergemäß
zunehmen. Wenn genügend Reihen gestrickt sind, dann können Sie
alles auf einer Nadel weiter arbeiten.
Die Reihen 9 - 36 wiederholen. Bei der 2. Wiederholung in Reihe 22
(RR) die ersten 2 M nach den RM zus str, dann jede 3. und 4. M und
die letzten beiden vor den RM zus str. Sie müssen nun auf der Nadel
haben: 6 RM, 62 M, 6 RM = 74 M. Nun arbeiten Sie noch 6 Reihen,
dabei werden die 62 „mittleren" M im Muster I gestrickt. Nach der 6.
Reihe für den Schalteil an jeder Seite 84 M aufstricken, insgesamt
haben Sie nun 242 M. 2 Reihen wie folgt str: Schalteil kr re, Halsteil im
Muster I, Schalteil kr re. Von nun an nach StrS B weiter arbeiten. 6 M kr
re, 7 x MS, 62 M re, 7 x MS, 6 M kr re. Währenddessen in den nächsten
18 HR zwischen den Schalteilen je 8 M verteilt zunehmen. In der 19.
HR 10 M ebenso zunehmen. Insgesamt haben Sie in der 20. R 396 M
auf der Nadel (6 M re, 7 MS, 216 M re, 7 MS, 6 M re) und arbeiten jetzt
das Muster nach StrS B über die gesamte Länge.
Sie stricken also 6 M kr re, 32 MS, 6 M kr re. So arbeiten Sie noch bis
R 36, da fügen Sie wieder Perlen statt der US ein, stricken noch 2 R kr
re und ketten dann locker ab.

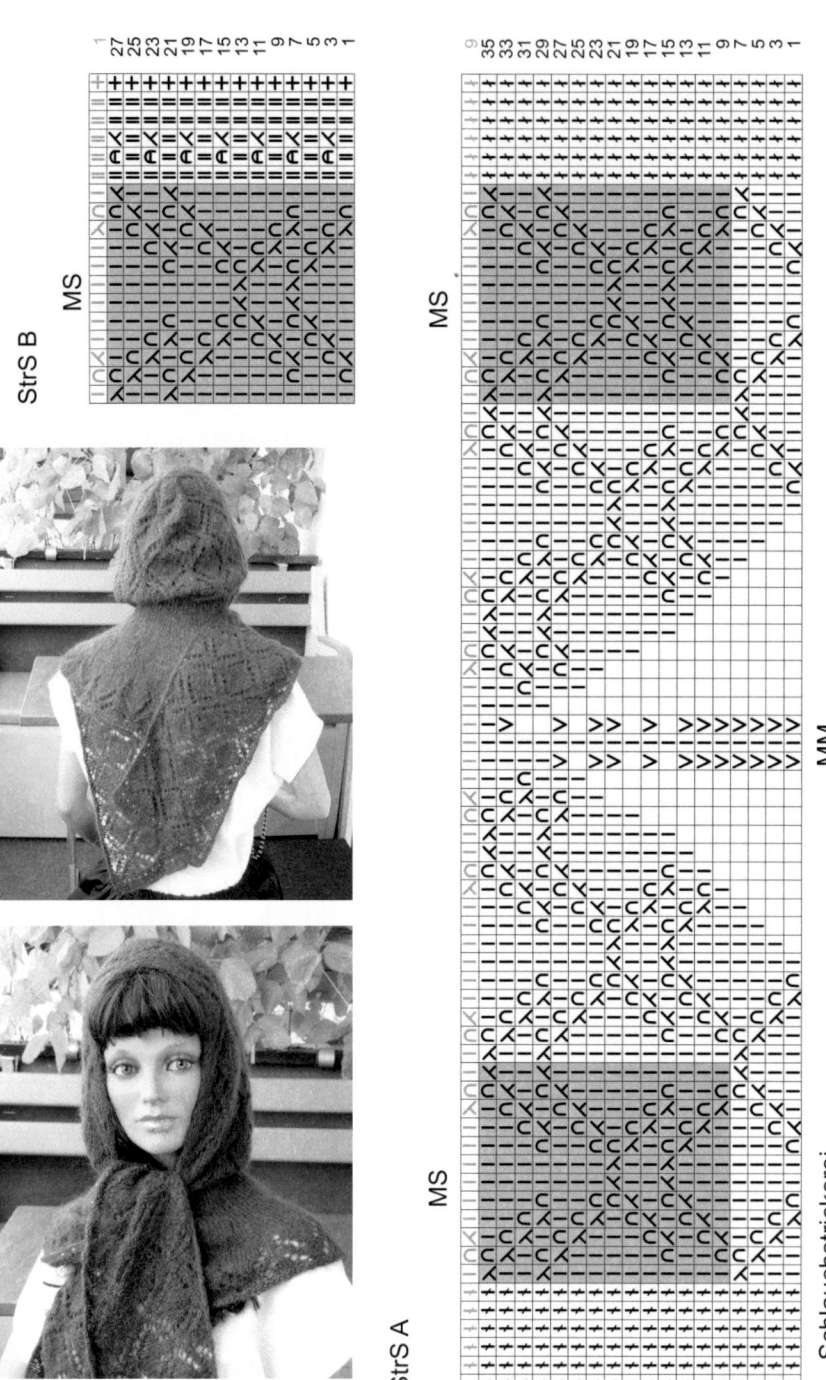

StrS B

MS

StrS A

MS

MS

MM

+ Schlauchstrickerei

56

Legende

+   *Randmasche*

| *rechte Masche*

|| *kraus rechts*

∩   *Umschlag*

–   *linke Masche*

⅄   *2 M li zus str*

∨   *Aus dem Querfaden 1 M re verschr zun*

⋋   *2 M überz. zusammen stricken (1 Masche abheben, eine M stricken und die abgeh M darüber ziehen)*

⋌   *2 M re zus stricken*

⋌   *3 M re zusammen stricken*

⋏   *3 M doppelt überz. zusammen stricken (2 M wie zum re stricken zusammen abheben, 1 M stricken und die abgeh M darüber ziehen)*

⋋   *3 M überz. zusammen stricken (1 M abheben, 2 M re zusammenstr. und die abgeh M darüber ziehen)*

∩   *1 Perle einfügen, dafür mit einem Nadeleinfädler durch die Perle gehen, Wolle durchziehen und diese Schlinge auf die Nadel nehmen.*

✕   *1 M vor die Arbeit legen, 1 M re str, dann die M von der Hilfs-Nadel re str.*

✕   *1 M hinter die Arbeit legen, 1 M re str, dann die M von der Hilfs-Nadel re str.*

≫≪   *2 M auf eine Hilfsnadel vor die Arbeit legen,
2 M re str, dann die 2 M der Hilfsnadel re str.*

≫≪   *2 M auf eine Hilfsnadel hinter die Arbeit legen,
2 M re str, dann die 2 M der Hilfsnadel re str.*

≫≪   3 M vor die Arbeit legen, die nächsten 2 M re str, dann die ersten 2 M der Hilfsnadel auf eine 2. Hilfsnadel hinter die Arbeit legen, die 1 M re str, dann die 2 M von der 2. Hilfsnadel re str.

≫≪   *2 M hinter die Arbeit und 1 M vor die Arbeit
Die nächsten 2 M re str, dann die 1 M re str, dann die 2 M re str.*

Alle leeren Kästchen in den StrS haben keine Bedeutung

Inhaltsverzeichnis

Ein paar Worte noch zum Schluss

Für die Unterstützung bedanke ich mich ganz herzlich bei
Utlinde Gradowski, Heike Bauer, ihrer Familie und ihrer Freundin Angela.

Mein Dank gilt auch meinem Mann für die technische Betreuung.

Impressum

Bibliografische Information der Deutschen Nationalbibliothek
Die Deutsche Nationalbibliothek verzeichnet diese Publikation in der Deutschen Nationalbibliografie; detaillierte bibliografische Daten sind im Internet über http://dnb.d-nb.de abrufbar.

www.kreativ-tini.de
Kontakt : Kreativ_Tini@web.de

Herstellung und Verlag:
Books on Demand GmbH, Norderstedt

ISBN-13: 9783839151945

9 783839 151945

Entwurf und Herstellung der Modelle: Christine Nöller

Photografie und Layout: Peter Nöller